AF582093

LE

PUNCH GRASSOT

A-PROPOS EN UN ACTE

PAR

MM. GRANGÉ ET DELACOUR

Représenté pour la première fois, à Paris, sur le théâtre du PALAIS-ROYAL, le 2 octobre 1858.

PARIS

MICHEL LÉVY FRÈRES, LIBRAIRES-ÉDITEURS

RUE VIVIENNE, 2 BIS

1858

Distribution de la pièce.

AUGUSTE GRASSOT................	MM. GRASSOT.
CHICAVOINE, facteur..............	HYACINTHE.
FRIPPMANN......................	BRASSEUR.
FRÉTILLARD, chanteur des rues......	GIL PEREZ.
ROBINEAU, idem..................	LUGUET.
PICORÉ, domestique...............	LASSOUCHE.
VERDURETTE, demoiselle de comptoir.	Mlles SCHNEIDER.
JACQUOTTE, idem.................	E. FOURNIER.
MARIELLE, idem..................	DUBOUCHET.
JONQUILLE, idem.................	LELIA.
MIMI, idem......................	MATHILDE.
UN CONSOMMATEUR...............	M. MASSON.

A Paris, de nos jours.

LE PUNCH GRASSOT

Le théâtre représente un débit de liqueurs; portes au fond et au premier plan de droite et de gauche. — Sur les murs, des affiches semblables à celles qu'on voit sur les murs de Paris : Punch Grassot, etc. — A droite, une affiche du théâtre du Palais-Royal avec ces mots : Le gendre de M. Pommier, M. Grassot, remplira, etc. — Quelques chaises et une petite table. — Des deux côtés de la porte du fond, des comptoirs couverts de bocaux, verres, etc.

SCÈNE PREMIÈRE.

JACQUOTTE, MARIELLE, JONQUILLE, MIMI, puis CHICAVOINE et VERDURETTE, CONSOMMATEURS.

(Au lever du rideau, Jacquotte, Marielle, Jonquille et Mimi sont au comptoir. — La place de Verdurette est vide, les consommateurs sont debout et boivent.)

LES CONSOMMATEURS.

CHŒUR.

Air :

Buvons, amis,
Ce punch exquis,
Merveille
Sans pareille !
Quand tout Paris le connaîtra,
Tout Paris en boira !

JACQUOTTE, MARIELLE, JONQUILLE ET MIMI.

Renouvelez, Messieurs, renouvelez !

UN CONSOMMATEUR, à Jacquotte, avec une grosse voix.

Encore un... la petite mère. (Il tend son verre.)

CHICAVOINE, entrant en costume de facteur avec sa petite boite. Il jette des regards sur le comptoir, et, voyant la place de Verdurette vide, il vient sur le devant de la scène.

Absinte... Elle est absinte... Pas de chance ! Voilà une femme qui trouble ma vie !... Hier, en descendant d'omnibus, je m'ai flanqué par terre... avec ma boîte. (Voyant entrer Verdurette par la gauche.) C'est elle !

VERDURETTE, accent bordelais *.

Tiens ! encore vous, monsieur Chicavoine ?

CHICAVOINE.

Naturablement... Cinquième distribution... cinquième visite...

VERDURETTE.

Vous avez une lettre pour le patron?... je vais l'appeler...

CHICAVOINE.

C'est inutile... il viendra toujours trop tôt... voilà ce que j'appelle un gêneur.

LE CONSOMMATEUR.

Hé ! là-bas !... (Venant en scène et prenant le poignet de Chicavoine.) je ne veux pas qu'on dise du mal de Grassot, moi, c'est mon ami...

CHICAVOINE, ôtant son chapeau.

J'ignorais...

VERDURETTE, bas à Chicavoine, en désignant le consommateur.

Un de ses camarades du théâtre du Palais-Royal.

CHICAVOINE, avec mépris.

Un cabotin ! j'aime pas ces gens-là... ça manque de tenue...

VERDURETTE.

Voulez-vous un verre de punch pour vous donner une contenance?

CHICAVOINE **.

Merci... je ne consomme pas de ces choses-là...

VERDURETTE.

Comment, un punch délicieux... dont M. Grassot a rapporté la recette d'Italie.

CHICAVOINE.

Je sais bien... j'ai lu l'affiche... C'est un bon moine qui la lui a donnée... Tenez, Verdurette, voulez-vous connaître le fond de ma pensée ?.. Ce bon moine me fait l'effet de ressembler au serpent de la rue Lacépède... Couin... couin... couin... couin... (Il imite le canard.)

VERDURETTE.

Un canard... par exemple !... C'est écrit sur un grand parchemin, avec la signature du bon moine.

CHICAVOINE.

Couin... couin... couin...

VERDURETTE.

Légalisée par le commissaire de police de l'endroit, à preuve que le patron a une frayeur qu'on ne lui chippe sa recette... Le jour, il s'enferme dans son laboratoire pour préparer son punch... la nuit, il met un pistolet sur sa table et il fourre son parchemin sous son oreiller...

CHICAVOINE, sévèrement.

Verdurette, comment le savez-vous ?..

* V. C.
** C. V.

VERDURETTE.

C'est Picoré qui me l'a dit.

CHICAVOINE.

Picoré... Qu'est-ce que c'est que ça ?

VERDURETTE.

Un garçon bien bête qu'il a fait venir tout exprès de la Champagne... un gros lourdaud qui ne sait ni lire ni écrire... vu que sans ça il pourrait déchiffrer la chose du bon moine.

AUGUSTE, en dehors.

Drôle, polisson, fainéant !

VERDURETTE.

Oh ! la voix du patron !.. (Elle remonte vivement prendre sa place au comptoir.)

SCÈNE II.

LES MÊMES, AUGUSTE *.

AUGUSTE, entrant par la droite, à la cantonade.

Allume le feu... et plus vite que ça... (Aux consommateurs.) Renouvelez, Messieurs, renouvelez !

LE CONSOMMATEUR.

Bonjour, Auguste... ça va bien, ma vieille ?

AUGUSTE.

Très-bien... merci... (A part.) Il m'embête, cet animal-là... il ne paye jamais. (Apercevant Chicavoine.) Eh bien ! et toi ?.. encore ici !..

CHICAVOINE, ouvrant sa boîte et lui remettant une lettre **.

C'est une lettre... qu'entre vos mains, seigneur...

AUGUSTE.

Une commande, sans doute... ça boulotte... Le grand-duc de Blaguensbourg vient de m'en faire demander 50 cruchons... (Ouvrant la lettre.) Hein !.. du papier blanc !.. une lettre anonyme !.. Sapristi !.. c'est asticotant !.. voilà la cinquième depuis ce matin...

CHICAVOINE, souriant.

Oui, c'est un singulier hasard.

AUGUSTE.

Qu'attends-tu là ?

CHICAVOINE.

Mes quinze centimes.

AUGUSTE, les lui donnant.

Les voilà et fiche-moi le camp... (Aux consommateurs.) Renouvelez... ou filez... je n'aime pas qu'on moisisse au comptoir...

REPRISE DU CHOEUR.

Buvons, amis, etc.

(Chicavoine et les consommateurs sortent.)

* C. V. A. le C.
** C. A.

SCÈNE III.

AUGUSTE, VERDURETTE, JACQUOTTE, MARIELLE, JONQUILLE ET MIMI.

AUGUSTE.

Arrivez, mes petites chattes, et venez causer avec papa... (Les jeunes filles descendent en scène.) Rangez-vous autour de moi... très-bien... mes jolis trognons, me faut de la vertu, beaucoup m'en faut...

TOUTES.

Nous le savons, patron...

AUGUSTE.

Je vous autorise à m'appeler Auguste. (A part.) C'est mon petit nom... et ça plaît aux femmes.

TOUTES.

Oui, monsieur Auguste.

AUGUSTE *.

Je veux que mon comptoir d'aluminium... car je vous prie de remarquer que mon comptoir est en aluminium... je veux que mon comptoir d'aluminium soit moral... punch et pudeur, voilà ma devise...

VERDURETTE, baissant les yeux.

Ne craignez rien, monsieur Auguste.

JACQUOTTE, même jeu.

Je ne regarde personne.

MARIELLE, même jeu.

Ni moi...

JONQUILLE.

Ni moi...

MIMI.

Ni moi...

AUGUSTE.

Règle générale... les hommes sont des sagouins et des savoyards... ça cause et ça ne consomme pas... Si je n'avais voulu que des farceuses, j'en aurais trouvé sans peine à Paris... mais j'ai voulu des vertus... des femmes à certificats... c'est ce qui fait que je me suis adressé aux quatre-vingt-six départements et à l'étranger... Vous m'avez été expédiées franco... et garanties deux ans... cependant depuis quelques jours j'ai cru remarquer qu'on causait beaucoup autour de mon comptoir d'aluminium.

MARIELLE, baissant les yeux.

C'est les hommes qui nous parlent...

VERDURETTE, même jeu.

Ils nous disent des bêtises...

* J. M. V. A. Jac. Mi.

JONQUILLE.

Mais nous ne leur répondons pas.

MIMI.

Jamais.

JACQUOTTE.

Il y en a un hier qui m'a proposé de me mener voir la comète.

AUGUSTE.

Galopin !.. j'ai confiance... Cependant, pour être plus tranquille, je demande à voir les certificats... voyons, la Bordelaise... l'avez-vous ?.. répondez... l'avez-vous ?

VERDURETTE, avec embarras.

Quoi donc, patron ?

AUGUSTE.

Votre certificat ?

VERDURETTE, tirant un papier de sa poche.

Le voilà ! (Elle remonte.)

AUGUSTE.

Très-bien... la Bretonne ?

MARIELLE, vivement, s'avançant.

Je l'ai... (Elle le montre et remonte à Verdurette.)

AUGUSTE.

La Normande ?

JACQUOTTE, fouillant dans ses poches.

Qué que j'en ai donc fait ?

AUGUSTE.

Vous ne l'avez pas ?..

JACQUOTTE.

Je vas vous dire... en chemin de fer...

AUGUSTE, s'emportant.

En chemin de fer... quoi ?

JACQUOTTE, le retrouvant.

Ah ! morgué... le v'là. (Elle remonte à son tour.)

JONQUILLE.

V'là le mien.

MIMI.

Et le mien. (Elles sont toutes remontées au deuxième plan.)

AUGUSTE.

Très-bien... vous l'avez toutes... ça me rassure.

SCÈNE IV.

LES MÊMES, PICORÉ.

PICORÉ, un soufflet à la main.

Patron... le feu est allumé.

AUGUSTE.

J'y vais... (Aux jeunes filles, en leur rendant leurs certificats.) Gardez-le toujours, ou je vous flanque à la porte.

LES JEUNES FILLES, au deuxième plan.

Oui, patron.

AUGUSTE.

Retournez à vos places, et surtout pas de risettes aux hommes.

LES JEUNES FILLES, baissant les yeux.

Non, patron.

AUGUSTE, à Picoré.

Marche devant, toi! (Il entre à droite avec Picoré. — Les jeunes filles restent les yeux baissés.)

SCÈNE V.

VERDURETTE, JONQUILLE, JACQUOTTE, MARIELLE, MIMI *.

VERDURETTE, relevant vivement la tête, et redescendant.

Ah! mais!.. ah! mais!.. il m'ennuie le patron.

JACQUOTTE.

S'il croit que c'est amusant de rester toute la journée devant un comptoir sans rien dire...

JONQUILLE.

Quand on nous parle, faut pourtant bien répondre.

MIMI.

A moins d'être malhonnête.

VERDURETTE.

Et puis, avouez qu'il vient ici des jeunes gens bien distingués.

JACQUOTTE.

Avec des petits chapeaux, des petits faux cols.

VERDURETTE.

Des clercs d'huissiers... des artistes... des musiciens. (Regardant Jonquille.) des musiciens surtout...

JONQUILLE.

Oh! il vient bien aussi des facteurs.

MARIELLE.

M. Chicavoine, par exemple.

VERDURETTE.

Eh bien! oui... je suis franche... je le trouve beau, cet homme... avec son uniforme et sa petite boîte... son sourire est mélancolique; il a de la poésie dans l'œil.

LES AUTRES, riant.

Ah! ah! ah!

JACQUOTTE.

Verdurette qui en tient pour le facteur.

* Ma. Jon. V. Jac. Mi.

JONQUILLE, riant.

Un facteur !

VERDURETTE.

Tu en tiens bien pour un artiste, toi.

JONQUILLE.

Moi !..

VERDURETTE.

Parfaitement... pour M. Frétillard le musicien, qui vient chaque jour roucouler avec sa guitare.

JONQUILLE.

Eh bien, c'est vrai... Moi, d'abord, un homme qui joue de la guitare, ça me pince toujours.

MARIELLE.

Moi, j'aime mieux un homme qui joue du violon... M. Robineau, par exemple...

JACQUOTTE.

Il est bon garçon, M. Robineau... mais il n'est pas aussi gai que M. Frippmann.

VERDURETTE.

Ah ! oui, la petite clarinette du café concert... ton petit Allemand qui rit toujours...

JACQUOTTE.

Et qui consomme toute la journée.

VERDURETTE.

C'est amusant d'avoir un amoureux.

MARIELLE.

Chut !.. si le patron nous entendait...

VERDURETTE.

Ah ! bah !... on lui dit zut, au patron ! (On entend rire au dehors.)

MIMI, remontant.

Mesdemoiselles, le voilà !

TOUTES.

Qui ça ?

JONQUILLE, même jeu.

L'Allemand de Jacquotte.

JACQUOTTE.

Le petit jeune homme qui rit toujours.

SCÈNE VI.

LES MÊMES, FRIPPMANN *.

FRIPPMANN.

Bonjour, Mesdemoiselles. (Il rit. — Les jeunes filles saluent.)

VERDURETTE.

Est-il gai, ce petit choucroutmann !

* Mar. Jon. V. F. Mi. Jac.

FRIPPMANN.

Je vulais un verre de bunch.

JACQUOTTE.

Encore!

FRIPPMANN.

Tujurs !

MIMI.

C'est le quinzième depuis ce matin!

JONQUILLE.

Ça doit vous ruiner!

FRIPPMANN.

Ya... ça... ça me ruine. (Il rit.) Et ça m'apîme l'esdomac. (Il rit.)

MARIELLE.

Je crois bien... vous buvez du matin au soir... ça vous fera mal...

FRIPPMANN.

Ya... ya... tute le nuit... j'ai été malade. (Il rit.) J'ai manqué murir...

JACQUOTTE.

Murir!...

FRIPPMANN.

Ché afre envoyé chercher le médecin... (Il rit.) et le notaire... ché vulais faire mon testament. (Il rit.) J'avais des granpes... Je poussais des cris... (Il rit. — Les jeunes filles remontent en riant.) Mais ché puvais toujours... Servez le bunch.

VERDURETTE, qui a servi un verre sur une table.

Voilà!

FRIPPMANN.

Pas fous... ché vulais le grosse Normande. (Il rit.)

VERDURETTE.

Mais je vous en ai déjà servi un...

FRIPPMANN, s'asseyant.

Eh pien!.. c'est écal... je les poirai toutes les deux. (Jacquotte dépose un second verre sur la table.) Elle est gentille, la petite prune. (Il rit. — Des consommateurs entrent.)

LES CONSOMMATEURS.

Hé là-bas!.. un verre de punch, la petite mère... (Toutes les jeunes filles remontent au comptoir. — On entend des accords de guitare et de violon dans la coulisse, et les voix de Frétillard et de Robineau qui chantent : Rappelle ta gaîté, enfant de ces montagnes...)

MARIELLE, bas.

Ce sont eux!

JONQUILLE, bas.

Nos petits musiciens! (Elles se mettent au comptoir.)

SCÈNE VII.

LES MÊMES, FRÉTILLARD et ROBINEAU, l'un avec une guitare, et l'autre avec un violon.

ROBINEAU, entrant, bas à Frétillard.

Elles sont là!.. entrons!

FRÉTILLARD, bas.

Chut!.. du monde!.. n'ayons pas l'air.

ROBINEAU.

Accordons-nous! Donne-moi le *la*, Frétillard.

FRÉTILLARD.

Voilà, Robineau.

ROBINEAU.

Allons-y!

FRÉTILLARD.

Gaiement! (Ils chantent en s'accompagnant.)

ROBINEAU ET FRÉTILLARD.

Rappelle ta gaîté
Enfant de ces montagnes!
La douce liberté
Revient dans nos campagnes *! (*bis.*)

MARIELLE, à part.

Comme ils sont distingués!

JONQUILLE.

Et ont-ils des accents, les monstres!

FRIPPMANN, à part.

Ché trufe ces trupadurs drès-empêtants. (Il rit. — Pendant ce couplet, les consommateurs ont payé et sont partis. — Il ne reste plus que Frippmann qui écoute les chanteurs un verre de punch à chaque main.)

ROBINEAU, bas.

Les voilà qui filent; j'en étais sûr!

FRÉTILLARD.

Nous produisons toujours cet effet-là!

ROBINEAU.

Et dire que j'ai raté au Conservatoire le premier prix de fugue!

FRÉTILLARD, montrant Frippmann.

Dis donc, il en reste encore un!

ROBINEAU.

Un gêneur!.. où ça?.. cette tête de choucroute?

FRÉTILLARD.

Il est bien long à boire ses deux verres de punch.

* Frét. R. Frip.

ROBINEAU.

Faut l'aider! attends! fais comme moi. (Ils s'approchent de Frippmann et reprennent leur refrain.)

Rappelle ta gaîté,
Enfant de ces montagnes...

FRIPPMANN, à part.

Ils chantent toujours le même chose. (Il rit.)

ROBINEAU, le saluant.

Monsieur...

FRÉTILLARD, de même.

Jeune homme...

FRIPPMANN, leur rendant leurs saluts, et à part.

Ils être très-bolis!

ROBINEAU.

Vous aimez le punch à ce qu'il paraît?

FRIPPMANN.

Ya... ya... ché pufais tute le churnée. (Il rit.)

ROBINEAU.

Vous avez raison. (Bas à Frétillard.) Passe à gauche!

FRÉTILLARD, bas.

Compris! (Il passe à la gauche de Frippmann *.)

ROBINEAU.

Le punch!.. parlez-moi de ça! c'est chaud! c'est tonique!

FRIPPMANN.

Ya... ya... c'être donigue. (Il rit. A part.) Ché gombrends bas donigue!

ROBINEAU.

La bière!.. peuh!.. la bière!..

FRÉTILLARD.

Puah! la bière!

ROBINEAU.

Mauvaise boisson!

FRÉTILLARD.

Difficile à avaler.

FRIPPMANN.

Ya... ya...

ROBINEAU.

Tandis que le punch...

FRÉTILLARD.

Ah! oui, le punch...

ROBINEAU.

Vous prenez un verre délicatement entre les deux doigts... comme ceci... (Il prend un des verres de Frippmann.)

FRÉTILLARD, de même.

Vous allez le voir manœuvrer comme un vrai militaire!...

* R. Frip. Frét.

ROBINEAU.

Vous le portez à vos lèvres comme cela... et pst!.. (Il le boit.) Passé!

FRÉTILLARD, qui a imité tous les mouvements de Robineau avec le second verre qu'il a pris des mains de Frippmann.

Ingurgité!

ROBINEAU, reposant le verre vide.

Et ça ne coûte que vingt sous.

FRÉTILLARD, de même.

La bagatelle de vingt sous!..

TOUTES LES DEMOISELLES, riant.

Ah! ah! ah!

FRIPPMANN, riant aussi.

Eh! eh! eh! (Se fâchant tout à coup.) Ah çà! mais dites donc! dites donc, varceurs!..

ROBINEAU ET FRÉTILLARD, tournant sur les talons et se remettant à jouer et à chanter. — Ils ont regagné le milieu du théâtre.

Rappelle ta gaîté,
Enfant de ces montagnes!
La douce liberté
Revient dans nos campagnes.

SCÈNE VIII.

LES MÊMES, AUGUSTE *.

AUGUSTE, entrant tout à coup.

Hein! qu'est-ce que c'est que ça? qu'est-ce que c'est que ça?

FRETILLARD ET ROBINEAU, à part.

Oh! le bourgeois!

AUGUSTE.

Des virtuoses! des cigales mâles!.. Je ne veux pas de musiciens ici!.. on écoute la musique et on ne consomme pas!

MARIELLE ET JONQUILLE, s'avançant un peu.

Mais pourtant, patron...

AUGUSTE.

Hein? vous les soutenez!.. (A part.) Marivauderaient-elles avec ces râcleurs? j'en ai une fausse idée.

ROBINEAU ET FRÉTILLARD, chantant.

Rappelle ta gaîté...

AUGUSTE; il passe au n. 1.

Allez rappeler votre gaieté autre part.

ROBINEAU.

Vous nous chassez?

AUGUSTE.

Parfaitement.

* R. Frét. A. Frip.

ROBINEAU.

Ah ! c'est comme ça que ça se joue !

FRÉTILLARD.

Nous flanquer à la porte, comme des va-nu-pieds ! nous, des artistes !

ROBINEAU.

Des ex-ténors du café Morel !

FRÉTILLARD.

Des ut-dièze premier numéro !

ROBINEAU.

Eh bien ! nous ne partirons pas !

FRÉTILLARD.

Nous resterons ici malgré vous !

AUGUSTE, repassant au milieu.

C'est ce qu'il faudra voir !

ROBINEAU.

C'est tout vu ! nous ne sommes plus des chanteurs ambulants...

FRÉTILLARD.

Nous redevenons des gens du monde.

ROBINEAU.

Air : *Un homme pour faire un tableau...*

Par un décret, par un édit,
(C'est un droit que je vous accorde)
Vous pouvez, de votre débit,
Bannir les instruments à corde.

FRÉTILLARD.

Mais tous les chalands parisiens
Peuvent entrer dans vos boutiques.

ROBINEAU.

Nous sortons comme musiciens.

FRÉTILLARD.

Mais nous restons comme pratiques.

VERDURETTE, à part.

Enfoncé le patron !

ROBINEAU, remontant.

Qu'on nous serve à boire !

FRÉTILLARD, remontant.

Deux verres de punch ! et vivement ! allez-y, mes bonnes demoiselles !

MARIELLE ET JONQUILLE.

Voilà, Messieurs, voilà !

AUGUSTE.

Un instant ! (A part.) Soyons machiavélique. (Haut.) Rentrez, Mesdemoiselles.

* R. A. Frét.

TOUTES.

Comment! comment! rentrez!

AUGUSTE.

Oui, allez refaire vos bandeaux, c'est moi qui servirai ces Messieurs.

ROBINEAU, à part.

Ah! diable!

FRÉTILLARD, à part.

Pincés!

TOUTES.

Mais, patron...

AUGUSTE.

Pas de mais! obéissez!..

MARIELLE.

C'est une horreur!

JONQUILLE.

Une indignité!

VERDURETTE.

Vieux sapajou! vieux despote! (Auguste se retourne, elles s'éloignent.)

AUGUSTE, à Frétillard et Robineau.

Et maintenant, parlez! demandez! du punch?.. Voilà! voilà!

ROBINEAU.

Merci!

FRÉTILLARD.

Je n'ai plus soif!

ROBINEAU.

Du punch?.. je sors d'en prendre!

FRIPPMANN.

Ya!.. à mes vrais! (Il rit.)

AUGUSTE.

Fichez-moi le camp!

ROBINEAU, à part.

C'est égal, nous reviendrons.

ENSEMBLE.

Air de *l'Image*.

AUGUSTE.

Sortez de ma boutique
Sans plus de démêlés;
Car voilà ma tactique :
Renouv'lez ou filez!
Oui, (4 *fois*.) renouv'lez ou filez!

LES AUTRES.

Sortons / Sortez de sa boutique
Sans plus de démêlés!
Car voilà sa tactique :

Renouv'lez ou filez !
Oui, (4 *fois.*) renouv'lez ou filez !

(Les demoiselles sortent par la gauche, Auguste et Picoré par la droite, Robineau, Frétillard et Frippmann par le fond.)

PICORÉ, accourant.

Patron, patron, ça bout!

AUGUSTE.

C'est bon, j'y vais!.. (Appelant.) Verdurette!

VERDUTETTE, revenant d'un air maussade.

Quésaco?

AUGUSTE.

Je vous confie la boutique, comme à la plus raisonnable.

VERDURETTE, à part, riant.

Ah ! bon ! quelle chance!

SCÈNE IX.

VERDURETTE, CHICAVOINE.

CHICAVOINE, avançant la tête.

Elle est seule! ô bonheur!.. (Il entre.)

VERDURETTE.

Monsieur Chicavoine *!

CHICAVOINE.

Enfin, je puis donc vous parler tête à seul, œil à œil, nez à nez...

VERDURETTE, allant s'assurer qu'Auguste ne vient pas,

Chut!.. Vous avez quelque chose à me dire?

CHICAVOINE.

Oui, quelque chose qui m'étouffe, qui me brûle, me calcine.

VERDURETTE.

Ah! mon Dieu! Et quoi donc?

CHICAVOINE.

J'ai à vous dire, ô Verdurette! que vos regards ont allumé dans mon âme un punch qui ne s'éteindra qu'avec ma vie.

VERDURETTE.

Comment! une déclaration?

CHICAVOINE.

Franche de port.

VERDURETTE.

Décidément, vous m'aimez donc?

CHICAVOINE.

Si je vous aime!.. si je vous... Mais demandez à la fleur si elle aime la rosée, demandez au colimaçon si il aime la feuille de laitue!

VERDURETTE.

Tiens, c'est gentil! Mais un instant, est-ce pour le bon motif? vos intentions sont-elles pures?

* C. V.

CHICAVOINE.

Le jour n'est pas plus pur que le fond... de mes intentions.

VERDURETTE.

Oui, mais épouser un simple facteur !...

CHICAVOINE.

Un facteur a une position... c'est un homme de lettres.

VERDURETTE.

Je sais bien, mais...

CHICAVOINE.

D'ailleurs, j'ai de l'argent de côté.

VERDURETTE.

Ah bah ! vraiment?

CHICAVOINE.

De côté et d'autre... je suis calé... je suis un calé facteur.

VERDURETTE.

D'abord, je vous en préviens, je suis très-exigeante.

CHICAVOINE.

Je me soumets à tout.

VERDURETTE.

Air : *le Savetier et le Financier.*

PREMIER COUPLET.

Je veux que l'on fasse en ménage
Toutes mes volontés...

CHICAVOINE.

C'est bien, on les fera !

VERDURETTE.

Que mon mari, fidèle et sage,
Soit toujours amoureux...

CHICAVOINE.

C'est dit, on le sera !

VERDURETTE.

Qu'il ne soit pas, pour payer,
Chipe, chipe, chipe, chipe, chipe...
Qu'il ne soit pas, pour payer,
Chipe, chipe, chipe, chipotier.

ENSEMBLE.

Qu'il ne soit pas, etc.

CHICAVOINE.

Je n' serai pas, pour payer, etc.

VERDURETTE.

DEUXIÈME COUPLET.

Je veux avoir de l'étalage
Et des cages en fer.

CHICAVOINE.

On vous en donnera.
Je promets de vous mettre en cage.

VERDURETTE.

Je veux un mouzaïa.

CHICAVOINE.

Va pour le mouzaïa!

VERDURETTE.

Puis un cach'mir'... de hasard,
Chique, chique, chique, chique, chique...
Un p'tit cach'mir' de hasard,
Chique, chique, chique, chicandard.

ENSEMBLE.

J' veux un cach'mir', etc.

CHICAVOINE.

Va pour l' cach'mir' de hasard, etc.

C'est dit! c'est convenu!

VERDURETTE.

Vous le promettez?

CHICAVOINE.

J'en jure à vos pieds. (Il s'y met.)

SCÈNE X.

LES MÊMES, AUGUSTE, une cuiller à pot à la main *.

AUGUSTE.

Hein? qu'est-ce que je vois?

VERDURETTE.

Ciel!

AUGUSTE.

Que fais-tu ici?

CHICAVOINE.

C'est une lettre.

AUGUSTE.

Une lettre?

CHICAVOINE.

Sixième distribution.

AUGUSTE, ouvrant la lettre.

Encore du papier blanc! c'est trop fort!

CHICAVOINE.

Non, c'est trois sous.

AUGUSTE.

Je n'en recevrai plus que d'affranchies.

PICORÉ, accourant.

Bourgeois!.. ça écume!

AUGUSTE.

C'est bon!.. j'y vais!.. (A Verdurette.) Rentrez, Verdurette... (Allant à la porte de gauche.) Et vous, Mesdemoiselles, venez ici **.

* V. C. A.
** Jon. Mar. Jac. A. V. C. P.

JONQUILLE, MARIELLE ET JACQUOTTE, rentrant.

Vous nous rappelez?

AUGUSTE.

Oui, je vous confie la boutique, comme aux plus raisonnables! (Apercevant Chicavoine qui s'est rapproché de Verdurette, et cause bas avec elle.) Eh bien! eh bien!.. partiras-tu?...

ENSEMBLE.

Air de *Tambour battant.*

AUGUSTE.

Ah! quel casse-tête
Qu'un pareil débit!
Avec ma recette
Je perdrai l'esprit!

LES AUTRES.

Ah! quel casse-tête!
Jamais de répit!
J' crois que sa recette
Lui tourne l'esprit!

(Verdurette sort par la gauche, Chicavoine s'éloigne par le fond en lui envoyant des baisers. — Auguste rentre à droite avec Picoré.)

SCÈNE XI.

JONQUILLE, MARIELLE et JACQUOTTE, puis FRÉTILLARD, ROBINEAU et FRIPPMANN.

JONQUILLE.

Quel enragé!

JACQUOTTE.

Il a été mordu, c'est sûr!

MARIELLE.

Avec tout cela, il nous laisse seules.

JACQUOTTE.

Si pendant ce temps-là, nos amoureux pouvaient venir.

ROBINEAU, paraissant à la porte.

Pst!

FRÉTILLARD, de même.

Pst!

FRIPPMANN, de même, riant.

Eh! eh! eh!

MARIELLE.

Les voilà!

FRÉTILLARD.

On peut approcher?

ROBINEAU.

On peut causer un petit moment ?

TOUTES.

Oui, oui, certainement, venez ! (Jacquotte court au-devant de Frippmann.)

ROBINEAU.

Ma chère Marielle !

FRÉTILLARD.

Ma charmante Jonquille !

FRIPPMANN.

Mam'zelle Chagotte ! (Il rit.)

ROBINEAU, à Marielle.

Si vous saviez comme je vous idole ! (Il l'embrasse.)

FRÉTILLARD, à Jonquille.

Et moi donc ! (Il l'embrasse.)

FRIPPMANN.

Et moi !... che soupire ! (Il rit.)

LES TROIS HOMMES.

Air des *deux Lions râpés.*

C'est pour toi toujours que battra mon cœur !

LES TROIS FEMMES.

A nous vot' tendresse, à nous votre ardeur !

ROBINEAU, à Marielle.

Dis-moi que ton âme
Partage mes feux.

FRÉTILLARD, à Jonquille.

Dans mes yeux de flamme
Mir' tes jolis yeux.

LES TROIS HOMMES.

Dans mes yeux de flamme
Mir' tes jolis yeux ! (*bis.*)

ROBINEAU.

A toi
Mon cœur et ma foi.

LES TROIS HOMMES.

A toi
De régner sur moi !

(Les trois hommes tombent aux genoux des trois demoiselles*; Auguste paraît avec sa cuiller à pot. — Les deux autres femmes reparaissent à gauche.)

SCÈNE XII.

LES MÊMES, AUGUSTE.

AUGUSTE.

Ciel !

* Jon. Frét. Mar. R. Jac. Frip.

TOUS.

Le patron !

FRÉTILLARD et ROBINEAU, se mettant en position.

Rappelle ta gaîté...

AUGUSTE.

Laissez-moi tranquille avec votre gaieté! Des amoureux... aux genoux de mes demoiselles de comptoir d'aluminium!.. Je vous chasse * !

FRÉTILLARD ET ROBINEAU.

Pardon, mais...

CHICAVOINE, entrant par le fond.

M. Auguste !

AUGUSTE.

Hein?... Qu'est-ce qu'il me veut encore celui-là?

CHICAVOINE.

Septième distribution. Une lettre.

AUGUSTE.

Je n'en veux pas!

CHICAVOINE.

Elle est affranchie.

AUGUSTE.

Alors, donne!... Et vous, sortez tous !

LES HOMMES, remontant en envoyant des baisers.

Air :

Nous vous jurons ici, Mesdemoiselles,
Tra la la la la la !
Nous vous jurons d'être toujours fidèles,

ENSEMBLE.

Tiens ! voilà mon cœur!

AUGUSTE.

Ah çà, partirez-vous, à la fin?

FRÉTILLARD.

Un instant! il y a encore un couplet.

LES HOMMES.

(*Même air.*)

Vous régnerez en chef et sans rivales,
Tra la la la la la!
Vous s'rez nos ang's et nos biches légales.

TOUS.

Tiens ! voilà mon cœur !

(Ils sortent.)

* Jon. M. Frét. R. A. Jac. Frip.

SCÈNE XIII.

AUGUSTE, LES FEMMES *.

AUGUSTE.

Elle est trop forte ! (Il remonte et disparaît un instant par le fond.)

TOUTES, pleurant à chaudes larmes.

Hi ! hi ! hi !

VERDURETTE.

M'enlever mon Chicavoine !

JACQUOTTE.

Mon Frippmann !

JONQUILLE.

Mon joli Robineau !

MARIELLE.

Mon joli Frétillard !

TOUTES.

Ah !

VERDURETTE.

Air des *Jolis soldats.*

Ah ! c'est trop fort !
Disons zut au mentor
Dont la tyrannie
Nous ennuie !
Lorsque les gens
Font ainsi les méchants,
Prenons, mes enfants,
La clef des champs !
C'est ennuyeux, c'est tyrannique :
Lorsque nos galants amoureux
Narrent leurs feux
Et nous font les doux yeux,
Il s'élance sur la pratique,
Criant bien fort,
En butor
Dans son tort :
Filez !..
Filez !.. ou renouvelez !..
Des vertus nous sommes les modèles,
Mais, nous faut-il, en vérité,
Faut-il garder, Mesdemoiselles,
Nos vertus à perpétuité ?..
Ah ! c'est trop fort ! etc.

TOUTES.

Ah ! c'est trop fort ! etc.

* Mi. Mar. A. V. Jac. Jon.

AUGUSTE, revenant.

Vous êtes encore là ?.. Assez de giries... elles sont embêtantes à la fin. (Ouvrant la lettre.) Ah ! c'est du bon moine... que j'ai formé aux belles manières... et au langage parisien .. Lisons. (Il lit.) « Ma bonne vieille, je suis à Paris... Je t'attends à la Halle, chez Louis Baratte. C'est le vrai moment de casser le cou à un joli bourgogne. » (Interrompant sa lecture.) Oh ! Sévigné, pends-toi ! (Reprenant.) « Ça te va-t-il ?.. Arrive dare dare. — Je suis, pour la vie,

« Ton joli trognon,

« FRA-LEONARDO. »

Vite mon habit... mon panama !

VERDURETTE.

Vous allez sortir ?

TOUTES.

A minuit !

AUGUSTE.

Voulez-vous que je fasse poser Fra-Leonardo ? vite, donc !

VERDURETTE, tendant l'habit.

Voilà !

JACQUOTTE, lui mettant le panama.

Voilà !

PICORÉ, entrant vivement.

Monsieur !.. Monsieur !..

AUGUSTE.

De quoi ?

PICORÉ.

Monsieur, c'est encore des demoiselles de comptoir qui vous arrivent.

TOUTES.

Ciel !

VERDURETTE.

Les étrangères que vous avez mandées par le télégraphe électrique.

MARIELLE.

Pour nous espionner !

AUGUSTE.

Bigre ! elles arrivent mal ! Enfin, fais entrer.

PICORÉ.

Par ici !.. chaud, la, les étrangères !.. (Il sort.)

* P. J. V.

SCÈNE XIV.

Les mêmes, FRIPPMANN, en Suissesse, tenant des petits balais, FRÉTILLARD, en danseuse espagnole, avec un peigne gigantesque, ROBINEAU, en Cauchoise, avec un grand bonnet, CHICAVOINE, en Napolitaine.

CHOEUR.

Air des *Souvenirs*.

LES HOMMES.

Nous venons du débarcadère,
Pour faire à Paris notre affaire;
Car Paris n'aura vu jamais
D'attraits
Plus pimpants, plus coquets.

LES FEMMES.

Qu'elles craignent notre colère !
D'elles nous saurons nous défaire,
Sans pitié d'ici chassons-les,
Et ne fraternisons jamais!

FRÉTILLARD, dansant avec castagnettes.

Je suis une jeune Espagnole,
De Tolède à Burgos
Pinçant des fandangos.
Pour la danse joyeuse et folle,
De Séville à Cadix
On dit que j'en vaux dix.

FRIPPMANN, valsant et chantant.

La la ou, la la la ou, la la ou. (*bis.*)

(Après avoir chanté sa tyrolienne, il éclate de rire; Robineau lui donne un coup de pied.)

ROBINEAU.

Imbécile!

FRIPPMANN, recevant le coup de pied.

Oh!

AUGUSTE, qui n'a rien entendu.

De quoi? de quoi?

ROBINEAU.

Rien du tout! (Il chante.)

J'arrivons de Caux,
J'ons quitté mes veaux,
Et ma tant' Mad'leine.
Et, sans perdre haleine,
A votre comptoir,
Va falloir }
Me voir! } (*bis.*)

AUGUSTE, montrant Chicavoine.

Et cette grande-là?

CHICAVOINE, chantant.

Moi, je suis Napolitaine,
Et j'aime à chanter le soir.

REPRISE DU CHOEUR.

Nous venons du débarcadère, etc.

AUGUSTE.

Elles sont très-gentilles, très-gentilles... (A Robineau.) Dites donc, vous, la grosse mère...

ROBINEAU.

S'il vous plaît?

AUGUSTE.

Vous surveillerez vos douces compagnes sans que cela en ait l'air.

ROBINEAU.

Allais... marchais... j' sommes rusée, da!..

AUGUSTE, l'admirant.

Tonnerre des Indes! la belle femme! bigre! Et le bon moine qui m'attend chez Louis Baratte... Bonsoir!..

LES HOMMES, à part.

Enfin!..

AUGUSTE, à part.

Pour plus de sûreté, je vas les enfermer.

ROBINEAU, à part, avec joie.

Enfoncé!

ENSEMBLE.

Air de *Marie* (HÉROLD).

Le bon moine est chez Louis Baratte,
Il faut l'y rejoindre bientôt :
C'est une chose indélicate
De fair' poser Leonardo.

(Il sort. — La porte se referme. — On entend donner deux tours de clef.)

SCÈNE XV.

LES MÊMES, moins AUGUSTE.

CHICAVOINE.

Seuls, enfin...

FRIPPMANN.

Hi! hi! hi!

LES FEMMES.

Ciel! ce rire...

ROBINEAU.

C'est nous!

LES FEMMES.

Nos amoureux! ah!

ROBINEAU.

Et nous sommes dans la place!... Allez donc!.. c'est moi qui ai eu l'idée d'écrire la lettre.

CHICAVOINE.

Et c'est moi qui l'a portée...

FRÉTILLARD.

Ce que c'est que de s'entendre!

TOUTES.

C'était une frime!

VERDURETTE.

Alors, le patron trouvera?..

FRIPPMANN.

Fisage de pois! hi! hi! hi!

ROBINEAU.

Nous sommes libres, nous sommes chez nous!

FRIPPMANN.

Et nous sommes enfermés.

TOUS.

Tra la la la la!

(Ils dansent en riant les uns devant les autres. — Entre Picoré toujours sa cuiller à la main.)

SCÈNE XVI.

LES MÊMES, PICORÉ.

PICORÉ, les voyant danser.

Ah! la, la!

TOUS.

Picoré!

LES HOMMES.

Tiens, Picoré, regarde! (Ils embrassent en riant les jeunes filles.)

PICORÉ.

C'est des hommes! Oh! mon Dieu! mon Dieu!

ROBINEAU.

Allons, sois des nôtres, imbécile!

PICORÉ.

Ah! je veux bien... je n'ai que ça à faire.

ROBINEAU.

Mes enfants, on ne soupe pas?

PICORÉ.

N'y a rien à manger.

ROBINEAU.

Alors, un punch monstre, gigantesque!

LES FEMMES, riant.

Le punch du patron!

CHICAVOINE.

Qu'est-ce qui m'aide à mettre la table?

LES FEMMES.

Voilà!.. (On apporte une table au milieu du théâtre.)

FRÉTILLARD.

Une soupière pour le punch!

CHICAVOINE, l'apportant.

La soupière demandée.

ROBINEAU, aux femmes qui ont chacune à la main un flacon de punch.

Apprêtez... punch! versez... punch! allumez... punch! (Verdurette le fait flamber.) Ça y est!

TOUS.

Vivat! (Il se mettent à polker autour de la table.)

PICORÉ, apportant des verres.

Voilà des verres.

ROBINEAU.

Approchez, ceux qui en veulent... Ah! si j'avais ma guitare!

TOUS.

Pourquoi faire?

ROBINEAU.

Je vous chanterais une romance de ma composition : le Punch Grassot ou la Rencontre fortuite d'un jeune homme passionné et d'une demoiselle portée sur sa bouche.

VERDURETTE.

Je la connais, votre chanson.

ROBINEAU.

Mais je n'ai pas ma guimbarde.

CHICAVOINE.

Tu ne guimbarderas pas, quoi!.. Entre femmes!

FRIPPMANN.

Chantez tujurs!..

FRÉTILLARD.

Nous autres, nous ferons le chœur antique... Attention, mes bonnes demoiselles. (Robineau se met un pince-nez, arrange ses cheveux et arrondit les bras. — Verdurette se donne de grands airs. — Les autres personnages sont tous groupés sur l'avant-scène, un verre de punch à la main.)

ROBINEAU.

PREMIER COUPLET.

Air nouveau de MANGEANT.

Je suis un jeun' fils de famille.

VERDURETTE.

Bel homm', que voulez-vous encor?

ROBINEAU.

Avec toi, je veux, jeune fille,
Souper dedans la Maison-d'Or.

FRÉTILLARD, parlé.

Allons-y, le chœur antique!

TOUS.

Ah! cette belle! } (*bis.*)
Que dira-t-elle? }

CHICAVOINE, parlé.

Œdipe roi... rien que ça!..

ROBINEAU.

Veux-tu du cliquot?

VERDURETTE.

Non! non!

ROBINEAU.

Veux-tu du Porto?

VERDURETTE.

Non! non!

ROBINEAU.

Veux-tu du punch Grassot?

VERDURETTE.

Ah!
Gnouf, gnouf, gnouf,
Remplissez mon verre!
Gnouf, gnouf, gnouf,
Adieu ma colère!
Gnouf, gnouf, gnouf, (*bis.*)
Flamme des amours,
Brillez, flambez (*bis.*) toujours!

TOUT LE MONDE, sur différents tons.

Gnouf, gnouf, gnouf, etc.

II.

VERDURETTE.

Laisse-moi... ma raison s'égare
En dégustant cette liqueur.

ROBINEAU.

Jeun' fille, acceptez un cigare.

VERDURETTE.

Ah! vous voulez mon déshonneur!

FRÉTILLARD, parlé.

Aïe donc, le chœur antique!

CHICAVOINE.

Ah! alors, si la musique est démembrée...

TOUS.

Ah! cette belle } (*bis.*)
Que dira-t-elle? }

ROBINEAU.

Ah! dis un seul mot!

VERDURETTE.

Non! non!

ROBINEAU.

Je cours chez Mombro.

VERDURETTE.

Non! non!

ROBINEAU.

Eh bien! encor du punch Grassot.

VERDURETTE.

Ah!

Gnouf, gnouf, gnouf, etc.

REPRISE.

PICORÉ, poussant un cri.

Ah!

TOUS.

Quoi donc?

PICORÉ.

Ah! mes enfants, ce que je viens de trouver dans la veste du patron...

TOUS.

Mais quoi donc?

PICORÉ.

La recette du bon moine... pour fabriquer le punch... ma fortune est faite.

ROBINEAU, s'emparant du papier.

Donne! donne!

VERDURETTE.

Tu sais donc lire?

PICORÉ.

Pardine!

ROBINEAU, passant le papier aux autres.

C'est vrai... tenez... lisez...

FRIPPMANN.

Nous pourrons fabriquer le bunch!.. hi! hi! hi!

ROBINEAU.

Le patron est à nous! Victoire complète sur toute la ligne! hourrah à Picoré!

TOUS.

Hourrah!

ROBINEAU.

Et polka générale!

CHŒUR.

Air : *Polka des Buveurs* (Suzanne Lagier).

Tra la la la, la la la la!
Tant que le punch flambera,
L'on rira,
L'on dansera;
Mes amis, le plaisir est là!

(Ils sortent par la droite, en polkant; Picoré reste seul; il est très-gris.)

SCÈNE XVII.

PICORÉ, AUGUSTE *.

PICORÉ, se versant à boire.

Ah! j'en ferai t'y de ce punch-là, j'en ferai t'y!

AUGUSTE, entrant l'air contrarié.

Pas plus de bon moine que dessus la main.

PICORÉ.

Bonjour, patron. (Riant.) Vous n'avez rien trouvé... hein! Ah! qu'elle est donc bonne, qu'elle est donc bonne! (Il boit.)

AUGUSTE.

Que vois-je!.. une table et mon punch!... Sors de chez moi!..

PICORÉ.

De quoi! tu chasses Bibi?

AUGUSTE.

Il me tutoie!.. Mais pourquoi cette consommation? (On entend rire dans la coulisse.) Ciel!

PICORÉ.

C'est des amis qui sont gris.

AUGUSTE.

Attends... attends... je vas les arranger, tes canailles d'amis.

SCÈNE XVIII.

TOUT LE MONDE. Ils entrent en polkant.

TOUS.

Le patron! bonjour, patron!

AUGUSTE.

Je vous chasse!

TOUS, riant.

Allons donc!

FRÉTILLARD.

Nous sommes les amoureux de ces bonnes demoiselles.

CHICAVOINE.

Et nous vous demandons leurs mains en bloc, la, en bloc!

AUGUSTE.

Je refuse.

ROBINEAU.

Et moi, je veux.

AUGUSTE.

Et il dit : Je veux, comme Louis XIV en 1658!

ROBINEAU.

Nous avons la recette du bon moine.

AUGUSTE.

Ciel!

ROBINEAU.

A nous cinq, nous fondons avec nos cinq épouses cinq comp-

* P. A.

toirs en aluminium, et nous faisons nos cinq fortunes dans nos cinq quartiers.

AUGUSTE.

Tonnerre des Indes! rendez-moi ma recette, et je consens.

ROBINEAU, rendant le papier.

Voilà!

AUGUSTE.

Mes enfants, jurez-moi le secret.

TOUS, la main tendue.

Nous le jurons! (Chantant.)

Si parmi nous il est des traîtres... (*bis.*)
Gnouf, gnouf, gnouf,
Nous saurons nous taire.
Gnouf, gnouf, gnouf,
Mais pas de colère.
Gnouf, gnouf, gnouf, (*bis.*)
Flamme des amours,
Protége-nous (*bis.*) toujours!

VERDURETTE, au public.

A la fin de cette pochade,
Tâchez, nous ont dit les auteurs,
Par un sourir', par une œillade,
De désarmer les spectateurs.

LES HOMMES.

Car le public, } (*bis.*)
Voilà le hic! }

VERDURETTE.

Jusqu'au dernier mot.

LES HOMMES.

Presto!

VERDURETTE.

Faites en écho.

LES HOMMES.

Bravo!

VERDURETTE.

Bref, avalez *le Punch Grassot!*
Ah!
Gnouf, gnouf, gnouf,
Et pas de colère!
Gnouf, gnouf, gnouf,
D'un arrêt sévère,
Gnouf, gnouf, gnouf, (*bis.*)
Flamme des amours,
Préserve-nous (*bis.*) toujours!

CHOEUR FINAL. — REPRISE.

Gnouf, gnouf, gnouf, etc.

FIN.

LAGNY. — Imprimerie de VIALAT.

www.ingramcontent.com/pod-product-compliance
Lightning Source LLC
LaVergne TN
LVHW050506160826
845677LV00003B/969

* 9 7 8 2 3 2 9 6 5 3 6 8 6 *